STATIONEN 9

Materialien für den Religionsunterricht
in der Sekundarstufe I
herausgegeben von
Gerhard Baumann
Rudolf Kühne
Gebhard Neumüller
Ulrich Pasedach

Heft 9

Paulus – Apostel der Völker

erarbeitet von
Rudolf Kühne,
Gebhard Neumüller
und Ulrich Pasedach

Inhalt

WER WAR PAULUS?

1 **Paulus-Mosaik**

■ *Betrachtet das Bild und sammelt Eindrücke von der abgebildeten Gestalt.*

_____

■ *Schreibt auf, was ihr von diesem Mann wissen möchtet.*

_____
_____
_____
_____

■ *Was ihr schon über ihn wißt, könnt ihr hier notieren:*

_____
_____
_____

2 Paulus war Römer, Grieche und Jude

Paulus war römischer Bürger. Er nannte sich von Kind an mit seinem lateinischen Namen Paulus (= der Kleine). Das römische Bürgerrecht hat er von seinen Eltern ererbt. Sie lebten in Tarsus, der Hauptstadt der römischen Provinz Kilikien. Tarsus war zugleich Mittelpunkt für Handel und Gewerbe. Bürgern dieser Stadt konnte das römische Bürgerrecht verliehen werden. Sie standen dann unter dem Schutz des Kaisers in Rom und konnten die Vorzüge des riesigen Weltreiches genießen (vgl. die Karte S. 5). Gallio z. B., der römische Statthalter von Korinth, hat Paulus im Jahre 51 n. Chr. das Leben gerettet, als er ihn vor einer aufgebrachten Menge in Schutz nahm. Bei seinem Prozeß konnte er sich später auf den Kaiser und sein Gericht berufen.

Der römische Bürger Paulus war seiner Bildung nach Grieche. Die Stadt, in der er aufwuchs, stand in dem Ruf, die griechischste, d. h. die Hauptstadt der griechischen Kultur in Kleinasien zu sein. Paulus kannte sich gut aus in griechischer Kultur, Religion und Philosophie. Das merkt man seinen Briefen an, die er in griechischer Sprache abgefaßt hat. Viele Jahre arbeitete er als Zeltmacher und Botschafter des Christentums in griechischen Städten wie Athen, Korinth und Ephesus.

Seine Familie gehörte zum jüdischen Stamm Benjamin. Sein jüdischer Name erinnert an den König Saul. Saulus/Paulus wurde wenige Jahre nach Christi Geburt in Tarsus geboren und nach jüdischem Gesetz beschnitten. In Tarsus besuchte er die Synagoge und lernte die Hebräische Bibel in griechischer Übersetzung (Septuaginta) kennen. Mit allen jüdischen Sitten und Bräuchen war er von Kind an vertraut. Sein reicher Vater schickte den jungen Mann zum Studium nach Jerusalem, wo Verwandte lebten. Paulus schloß sich vermutlich dem Schülerkreis eines Pharisäers an, um kompromißlos für den Glauben an den einen wahren Gott zu kämpfen. Die heilige Stadt enttäuschte ihn wohl, und er ging wieder in die Diaspora („Zerstreuung"), um dort für die Erhaltung und Ausbreitung der jüdischen Religion zu werben. Dabei traf er auf Christen, die seiner Meinung nach den jüdischen Glauben entstellten. Er verfolgte sie, bis ihm Jesus Christus in den Weg trat.

Wichtige Aussagen über die Vergangenheit des Paulus erfährst du auch in Apg 9 (Seite 9). Sie sind historisch nicht so sicher wie die Angaben in dem Text. Weil sie in eine Paulus-Legende eingeflochten sind, illustrieren sie sein Leben vor dem Damaskuserlebnis.

■ *Notiere hier einige Angaben über Herkunft, Kindheit und Bildung des Paulus, die hinausgehen über das, was oben schon geschrieben steht.*

_____

_____

_____

■ *Lies Phil 3,4–6, Gal 1,13–14 und 1 Kor 15,9 und halte die Angaben über die Herkunft des Saulus/ Paulus fest.*

_____

_____

_____

_____

■ *Wie beurteilt Paulus hier seine Vergangenheit?*

_____

_____

_____

3 Karte des Römischen Reiches

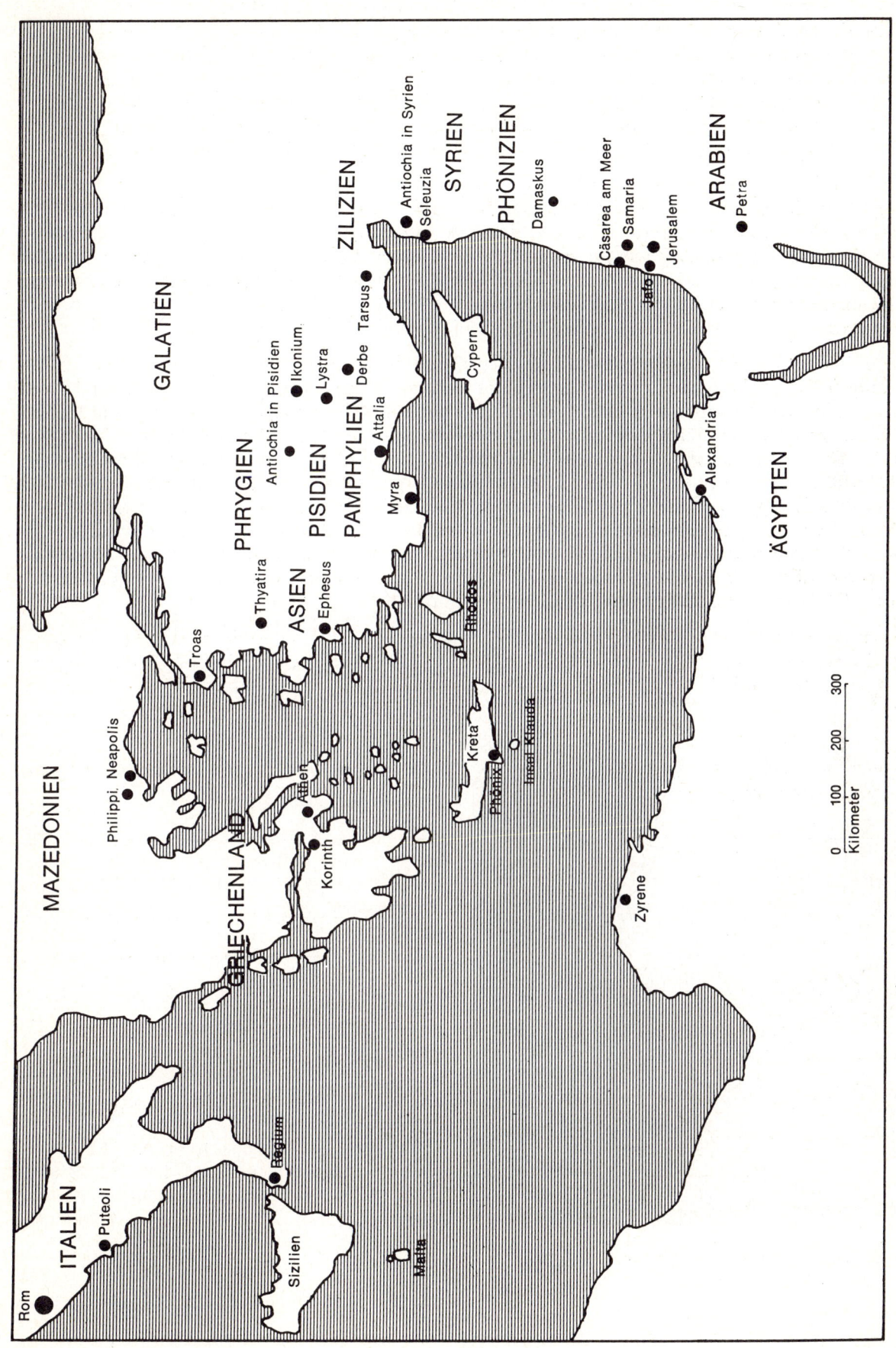

4 | Paulus war Pharisäer

■ *Was man unter „pharisäisch" versteht*   *Wer die Pharisäer tatsächlich waren*

Die Pharisäer waren eine religiöse Gruppierung des Judentums zur Zeit Jesu. Sie waren fromme Männer, die von einer echten Liebe zu Gott und zum Nächsten erfüllt waren. Sie wollten die Tora nicht den Priestern überlassen, sondern machten sie zum Maßstab und zur Richtschnur für das alltägliche Leben. Jeder, der die Gebote Gottes ernst nahm, konnte zu ihnen gehören. Deshalb findet man unter den Pharisäern Menschen unterschiedlicher Herkunft: Handwerker, Händler, Bauern, aber auch studierte Menschen. Die meisten Schriftgelehrten waren Pharisäer. Sie wurden wegen ihres tiefen Glaubens zu wirklichen Lehrern des Volkes.

Das Wort „Pharisäer" (hebr.: peruschim; griech.: pharisaioi) bedeutet „Abgesonderte". Wahrscheinlich will dieser Name ausdrücken, daß die Pharisäer sich von allem Heidnischen fernhielten. Sie lehnten die Römerherrschaft ab, griffen jedoch nicht zur Gewalt. Nach der Zerstörung Jerusalems überlebten sie als einzige der jüdischen Volksgruppen. Auf Grund ihres Einflusses auf die Synagogen wurden sie jetzt die maßgebenden Führer des Volkes und prägten die Geschichte des Judentums bis heute. Sie betonten die mündliche Auslegung neben der schriftlich offenbarten Tora und teilten mit Jesus und Paulus den Glauben an die Auferstehung der Toten. Paulus war nach seinem eigenen Zeugnis ein frommer Pharisäer (Phil 3,5), der eifrig für die Überlieferung der Väter eintrat (Gal 1, 14). Obwohl Paulus in das christliche Bewußtsein als der große Kämpfer gegen das jüdische Gesetz eingegangen ist, wird diese Sicht seinem Anliegen nicht gerecht. Gewiß kann er sagen: „Christus ist das Ziel und Ende des Gesetzes" (Röm 10,4), aber mit gleichem Gewicht betont er: „Das Gesetz ist heilig, das Gebot ist heilig, gerecht und gut" (Röm 7, 12). Auch wo Paulus die Tora kritisiert, geht es ihm darum, den Willen Gottes freizusetzen und zur Geltung zu bringen. Er kann das auf den Nenner bringen: „Wer den andern liebt, hat das Gesetz erfüllt" (Röm 13, 8) oder: „Das ganze Gesetz ist in einem Wort erfüllt: Du sollst den Nächsten lieben wie dich selbst!" (Gal 5,14).

Das ist die ganze Tora

Es kam einmal ein Heide zu Schammai und sagte zu ihm: „Bekehre mich zum Judentum unter der Bedingung, daß du mich die ganze Tora lehrst, während ich auf einem Fuß stehe."
Mit einem Zollstock in der Hand warf Schammai ihn sofort heraus.
Der Heide ging dann zu Hillel und wiederholte seinen Wunsch: „Bekehre mich zum Judentum unter der Bedingung, daß du mich die ganze Tora lehrst, während ich auf einem Fuß stehe."
Hillel nahm ihn ins Judentum auf und belehrte ihn wie folgt: „Was dir verhaßt ist, tue auch deinem Nächsten nicht an. Das ist die ganze Tora. Alles weitere ist Kommentar dazu. Geh hin und lern ihn!"

Nach b. *Schabbath* 31 a

■ *Vergleiche Schammai, Hillel und Paulus*

5 | Christen in Jerusalem, Antiochia und Damaskus

Die folgende Szene gibt eine Unterhaltung wieder, wie sie sich in einer christlichen Familie in Jerusalem in den dreißiger Jahren abgespielt haben könnte. Am Gespräch beteiligte Personen: Jitzak (Vater), Schlomo (Sohn), Esther (Tochter).

Schlomo: Papa, wir gehen doch in den Tempel wie auch unsere Nachbarn und leben auch sonst ganz nach den Geboten, die Gott einst Mose gegeben hat und trotzdem hat mich Pinchas letzte Woche gefragt, was wir denn für eine komische Sekte wären.

Jitzak: Du weißt ja, daß wir eine Gruppe von Menschen sind, die so leben wollen, wie es uns unser auferstandener Herr gelehrt hat. Wir feiern miteinander das Mahl zum Gedächtnis an seinen Kreuzestod und als Zeichen seiner baldigen Wiederkunft. Du hast ja selbst schon erfahren, daß sein lebendiger Geist bei uns mächtig ist und Wunder wirkt. Das macht uns froh und stärkt den Zusammenhalt unter den Brüdern. Das alles unterscheidet uns vielleicht schon ein bißchen von unseren Nachbarn. Wenn du es aber mit den heidnischen Römern und Griechen vergleichst mit ihrer scheußlichen Abgötterei, dann werden all die Unterschiede, die es zwischen uns Juden gibt, plötzlich ganz unwichtig.

Schlomo: Pinchas meinte letzthin, bei uns Juden gäbe es ja noch andere Spinner, z. B. die Leute am Toten Meer dort unten. Mit denen hat er uns also verglichen. Und als ich ihm einmal erzählte, daß jemand von uns einen Acker verkauft hat, um das Geld der Gemeinde zu schenken, da meinte er nur, so etwas täten nur solche Sekten und was wir denn machen würden, wenn wir alles verschenkt hätten. Ich hab ihm nur geantwortet, dann helfen uns unsere Brüder auch und außerdem kommt unser auferstandener Herr bald wieder und dann hat alle Not ein Ende. Aber er meinte nur, der richtige Messias würde wohl bald kommen und die Römer aus dem Land werfen, aber mit unserem Jesus hätte das ja wohl nichts zu tun. Wir haben dann noch ein bißchen rumgestritten, aber gebracht hat es nichts.

Esther: Jetzt muß ich mich aber einmal in euer Gespräch einmischen. So ähnlich wie Pinchas denkt auch meine Freundin Sara von gegenüber. Sie sagte neulich sogar, wir sollten bloß achtgeben, daß es uns nicht eines Tages so ginge wie Stephanus. Ich habe zwar gehört, daß Stephanus gesteinigt wurde, aber ich nahm an, daß er eben Unruhe gestiftet hätte. Sag mal Vater, war Stephanus wirklich Christ wie wir?

Jitzak: Ja und nein. Stephanus bekannte sich wie wir zu Jesus als seinem Herrn. Er war sogar Diakon, wie die Leute um ihn ihre Gemeindevorsteher nennen. Aber ehrlich gesagt habe ich mir schon lange gedacht, daß es irgendwann einmal Schwierigkeiten mit ihm geben würde. Wenn der Heilige Geist über Stephanus kam, dann nahm er halt keinerlei Rücksicht auf die religiösen Gefühle derer, die nicht wie er zum Glauben an Jesus gekommen sind. Dann konnte er ohne weiteres die Tora kritisieren und wiederholte das Jesuswort über den Tempel und das betrübte gerade die griechisch sprechenden Juden. Sie sind extra aus der ganzen Welt gekommen, um in dieser Stadt mit ihrem schönen Tempel zu opfern und zu beten. Und sie haben oft einen weiten Weg hinter sich, um hier in der Stadt Jerusalem endlich ihren Glauben frei leben zu können, ohne schief angesehen zu werden. Wenn dann einer, noch dazu aus der eigenen Synagoge, das, was ihnen und auch uns heilig ist, leichtfertig in Frage stellte, dann war ein solches Ende zu befürchten.

Schlomo: Aber Papa, das ist ja schrecklich. Müssen wir dann auch Angst haben, wir sind doch auch Anhänger dieses Jesus?

Jitzak: Nein, Angst brauchen wir keine zu haben, denn Jesus, unser Herr ist bei uns und wird bald wiederkommen, um dieser bösen Welt ein Ende zu bereiten. Darum beten wir ja auch jeden Tag. Außerdem – du weißt ja, daß wir mit unseren Brüdern, die noch nicht zum Glauben an Jesus gekommen sind, im allgemeinen gut auskommen. Sie glauben zwar nicht, daß mit Jesus der lang erwartete Messias gekommen ist und damit die Heilszeit nicht mehr weit ist, trotzdem können wir mit ihnen zusammen im Tempel beten und wir leben ja auch wie sie nach der Tora, die Gott unserem Vater Mose gegeben hat. Deshalb kann so etwas wie es dem Stephanus widerfuhr, in unserer Synagoge eigentlich nicht passieren.

Schlomo: Dann ist der Stephanus also wirklich ein Gotteslästerer und wurde zurecht gesteinigt?

Jitzak: Nein, so kann man das nicht sagen. Weißt Du, er gehörte genau wie wir zu unserem auferstandenen Herrn und dessen Heiliger Geist wirkt bei uns allen. Aber auch ich hatte mit Leuten wie Stephanus meine Probleme gehabt; und in manchem erinnert mich der Tod des Stephanus an Jesu Kreuzigung. Damals hatten ja auch viele behauptet, Jesus sei ein Gotteslästerer. – Wie soll das bloß weitergehen?

Esther: Wo sind eigentlich jetzt die Leute, die um Stephanus herum waren? Sind sie damals auch gesteinigt worden, oder was ist mit ihnen passiert?

Jitzak: Viele, die damals so dachten wie er, haben fluchtartig die Stadt verlassen, weil sie Angst hatten, daß mit ihnen dasselbe geschähe. Jetzt hat mir einer erzählt, daß viele sich in Antiochia und Damaskus wiedergetroffen haben. Ihre Gemeinde ist stark gewachsen. Auch ehemalige Heiden, stell dir das vor, gehören jetzt dazu. Der Geist unseres Herrn scheint mit ihnen zu sein.

Schlomo: Sind damit nicht alle Probleme gelöst? Die Stephanusleute sind nicht mehr in der Heiligen Stadt und wir – wir bereiten unseren jüdischen Glaubensbrüdern keinerlei Anstoß?

Jitzak: Gewiß, die schlimmsten Probleme sind wir zunächst einmal los. Aber ehrlich gesagt, glaube ich, daß die Konflikte mehr verschoben als behoben sind. Ich habe neulich schon gehört, daß es in den Synagogen von Damaskus zum Streit mit den Stephanusleuten kam. Ein Pharisäer, namens Paulus soll mit großem Eifer und in tiefer Verbitterung gegen die Christen dort vorgehen. Hoffentlich geht es ihnen nicht genauso wie Stephanus. Und auch hier in Jerusalem wird es für uns nicht leicht sein. Sicher, wir halten an unserem jüdischen Erbe, an der Tora, an den Festen und auch am Tempel fest. Aber wird jeder unserer Glaubensgenossen das verstehen? Wird man uns nicht doch mit den Stephanusleuten in einen Topf werfen?

■ *Das Gespräch gibt Auskunft über zwei Gruppen von Christen in Jerusalem. Notiere Gemeinsamkeiten und Unterschiede:*

_____

_____

_____

■ *Schildere ihr weiteres Schicksal:*

_____

_____

Steinigung des Stephanus (Wandmalerei, 11. Jahrh.)

Peitschen nach dem islamischen Strafgesetz der Frühzeit

VOM VERFOLGER ZUM CHRISTUSNACHFOLGER

6 Was hat Paulus bei Damaskus erlebt?

Über die Berufung des Völkerapostels gibt es nicht nur kurze Hinweise in eigenen Schriften des Paulus, sondern auch drei recht ausführliche Schilderungen in der Apostelgeschichte des Lukas (Kapitel 9, 22 und 26). Ungefähr 60 Jahre nach dem Ereignis nimmt Lukas eine Paulus-Legende, die vielleicht aus Damaskus stammte, auf in seine Apostelgeschichte, in der es in der 2. Hälfte vor allem um die Wirksamkeit des Paulus geht. Man spürt aber auch schon an Kapitel 9, daß die Legende und Lukas selbst mit dem Apostel und seiner Tätigkeit sympathisieren.

Die Bekehrung des Saulus nach Apostelgeschichte 9

[1]Saulus wütete immer noch mit Drohung und Mord gegen die Jünger des Herrn. Er ging zum Hohenpriester [2]und erbat sich von ihm Briefe an die Synagogen in Damaskus, um die Anhänger des (neuen) Weges, Männer und Frauen, die er dort finde, zu fesseln und nach Jerusalem zu bringen. [3]Unterwegs aber, als er sich bereits Damaskus näherte, geschah es, daß ihn plötzlich ein Licht vom Himmel umstrahlte. [4]Er stürzte zu Boden und hörte, wie eine Stimme zu ihm sagte: Saul, Saul, warum verfolgst du mich? [5]Er antwortete: Wer bist du, Herr? Dieser sagte: Ich bin Jesus, den du verfolgst. [6]Steh auf und geh in die Stadt; dort wird dir gesagt werden, was du tun sollst. [7]Seine Begleiter standen sprachlos da; sie hörten zwar die Stimme, sahen aber niemand. [8]Saulus erhob sich vom Boden. Als er aber die Augen öffnete, sah er nichts. Sie nahmen ihn bei der Hand und führten ihn nach Damaskus hinein. [9]Und er war drei Tage blind, und er aß nicht und trank nicht.

[10]In Damaskus lebte ein Jünger namens Hananias. Zu ihm sagte der Herr in einer Vision: Hananias! Er antwortete: Hier bin ich Herr. [11]Der Herr sagte zu ihm: Steh auf und geh zur sogenannten Geraden Straße, und frag im Haus des Judas nach einem Mann namens Saulus aus Tarsus. Er betet gerade [12]und hat in einer Vision gesehen, wie ein Mann namens Hananias hereinkommt und ihm die Hände auflegt, damit er wieder sieht. [13]Hananias antwortete: Herr, ich habe von vielen gehört, wieviel Böses dieser Mann deinen Heiligen in Jerusalem angetan hat. [14]Auch hier hat er Vollmacht von den Hohenpriestern, alle zu verhaften, die deinen Namen anrufen. [15]Der Herr aber sprach zu ihm: Geh nur! Denn dieser Mann ist mein auserwähltes Werkzeug: Er soll meinen Namen vor Völker und Könige und die Söhne Israels tragen. [16]Ich werde ihm auch zeigen, wieviel er für meinen Namen leiden muß. [17]Da ging Hananias hin und trat in das Haus ein; er legte Saulus die Hände auf und sagte: Bruder Saul, der Herr hat mich gesandt, Jesus, der dir auf dem Weg hierher erschienen ist; du sollst wieder sehen und mit dem Heiligen Geist erfüllt werden. [18]Sofort fiel es wie Schuppen von seinen Augen, und er sah wieder; er stand auf und ließ sich taufen. [19]Und nachdem er etwas gegessen hatte, kam er wieder zu Kräften.

Einige Tage blieb er bei den Jüngern in Damaskus; [20]und sogleich verkündete er Jesus in den Synagogen und sagte: Er ist der Sohn Gottes. [21]Alle, die es hörten, gerieten in Aufregung und sagten: Ist das nicht der Mann, der in Jerusalem alle vernichten wollte, die diesen Namen anrufen? Und ist er nicht auch hierhergekommen, um sie zu fesseln und vor die Hohenpriester zu führen? [22]Saulus aber trat um so kraftvoller auf und brachte die Juden in Damaskus in Verwirrung, weil er ihnen bewies, daß Jesus der Messias ist.

[23]So verging einige Zeit; da beschlossen die Juden, ihn zu töten. [24]Doch ihr Plan wurde dem Saulus bekannt. Sie bewachten sogar Tag und Nacht die Stadttore, um ihn zu beseitigen. [25]Aber seine Jünger nahmen ihn und ließen ihn bei Nacht in einem Korb die Stadtmauer hinab.

■ *Lest Apg 9, 1–25*

■ *Schaut euch die Bildfolge (4. Umschlagseite) an. Zerlegt sie in einzelne Bilder (2 oben, 3 in der Mitte, 2 unten).*

■ *Welcher Abschnitt von Apg 9 wird in den einzelnen Bildern dargestellt? Ordnet die entsprechenden Verse zu.*

■ *Beschreibt mit eigenen Worten, was jeweils dargestellt ist.*

_____

_____

_____

_____

Die Berufung des Paulus in Selbstzeugnissen

Ungefähr zwanzig Jahre nach dem Ereignis schreibt Paulus Briefe, in denen er auch auf Damaskus Bezug nimmt. Er mußte sich heftig zur Wehr setzen, weil einige behaupteten, er sei kein (richtiger) Apostel und habe keine Ostererscheinung gehabt. Wenn man genau liest und die kurzen Ausführungen vergleicht, kann man den Vorgang damals und die Bedeutung des Ereignisses für Paulus rekonstruieren.

1.) 1. Korinther 9, 1–2
Bin ich nicht frei? Bin ich nicht ein Apostel? Habe ich nicht Jesus, unseren Herrn, gesehen? Seid ihr nicht mein Werk im Herrn? Wenn ich für andere kein Apostel bin, bin ich es doch für euch. Ihr seid ja im Herrn das Siegel meines Apostelamtes.

Vorgang und Bedeutung für Paulus

_____

_____

_____

_____

2.) 1. Korinther 15, 8
Als letztem von allen erschien er auch mir, dem Unerwarteten, der „Mißgeburt".

_____

_____

_____

3.) Galater 1, 15–16
Als aber Gott, der mich schon im Mutterleib auserwählt und durch seine Gnade berufen hat, mir in seiner Güte seinen Sohn offenbarte, damit ich ihn unter den Heiden verkündige, da zog ich keinen Menschen zu Rate.

_____

_____

_____

4.) 2. Korinther 4, 4 und 6
Denn der Gott dieser Weltzeit hat das Denken der Ungläubigen verblendet. So strahlt ihnen der Glanz der Heilsbotschaft nicht auf, der Botschaft von der Herrlichkeit Christi, der Gottes Ebenbild ist. Denn Gott, der sprach: Aus Finsternis soll Licht aufleuchten!, er ist in unseren Herzen aufgeleuchtet, damit wir erleuchtet werden zur Erkenntnis des göttlichen Glanzes auf dem Antlitz Christi.

_____

_____

_____

_____

_____

■ *Versuche den Vorgang und seine Bedeutung zu erschließen. Der Vorgang drückt sich vor allem in Verben, die Bedeutung in Titeln aus.*

■ *Jesus sieht Paulus jetzt ganz anders:*

_____

_____

Auch an den folgenden Stellen steht das „Damaskuserlebnis" im Hintergrund: 1 Kor 3, 10; Phil 3, 4b–11; Röm 12, 3; 1 Kor 1, 1; 2 Kor 3, 7–11; Röm 1, 1; Gal 1, 11f; Gal 2, 9; 1 Kor 15, 15.

■ *Ordne einige der Stellen nach*
– direkten Bezugnahmen und Anspielungen:

_____

_____

– nach persönlichen Konsequenzen:

_____

_____

Vergleichen wir die Selbstzeugnisse des Apostels mit der Erzählung des Lukas, so können wir jetzt nicht nur erklären, warum 40 Jahre nach den Briefen des Paulus die Apostelgeschichte mit größerem Abstand berichtet, sondern auch, wie aus einem historischen Ereignis eine Legende, und wie eine bedeutende Gestalt der Urkirche zur Legende wurde.

Welches Ereignis löst bei Paulus die entscheidende Wende aus?
■ *Nach seinen eigenen Aussagen*

_____

_____

■ *Nach Auskunft der Apg*

_____

_____

Worin besteht die entscheidende Wende im Leben des Paulus?
■ *Nach seinen eigenen Aussagen*

_____

_____

■ *Nach Auskunft der Apg*

_____

_____

Welchen Auftrag erhält Paulus?
■ *Nach seinen eigenen Worten*

_____

_____

■ *Nach Auskunft der Apg*

_____

_____

■ *Fasse die Absichten der Legende in der Apostelgeschichte im Unterschied zu den Selbstzeugnissen des Apostels zusammen:*

_____

_____

_____

7 Nach der Wende

Wie ich Menschen für den einen wahren Gott gewinne, habe ich gelernt, als ich unterwegs war, unseren unverfälschten jüdischen Glauben zu verteidigen. Jetzt, nachdem ich Jesus begegnet bin, hilft mir diese Erfahrung. Nicht nur bei den Juden, auch bei den Griechen, bei denen, die auf der Suche nach der Rettung sind, treffe ich Verehrer des einen Gottes an. Ich gehe auf sie zu. Aber jetzt widersprechen mir meine Freunde aus dem Judentum. Sie können nicht verstehen, wie einer wie ich zum Christus-Anhänger werden konnte.

Wie das hat geschehen können, weiß ich selber nicht. Plötzlich ist es mir in Damaskus aufgegangen. Jesus war stärker. An seinem Verhalten, seinem Reden, kann man spüren: Gott ist Liebe. Er vergibt. Das Gleichnis vom großen Festmahl fällt mir ein. Folgerungen daraus hat er auch schon gezogen, als er den Tempel in Jerusalem reinigte. Unsere heiligen Ordnungen, auch die Mittelpunkt-Stellung Jerusalems und des Tempels, sind nicht mehr so wichtig. Die Grenzen zwischen dem auserwählten Volk und den Nichtjuden werden sich weiter öffnen. Ich weiß es: Jesus ist der erwartete Messias (Christus) der Juden, und für die Griechen ist er der Sohn Gottes. Gott liebt alle Menschen bedingungslos. Dafür ist das Kreuz das Zeichen.

Diese Nachricht muß ich verbreiten, zuerst bei den Juden, aber auch bei Nichtjuden. Dazu will ich das ganze Römische Reich bereisen. Dabei werde ich Widerstand erleben von Personen und Organisationen, die so frei von Gott nicht denken können. Es tut mir weh, daß viele christliche Juden, selbst Petrus, meinen Weg nicht mitgehen wollen. Aber ich werde an meiner Erfahrung festhalten: Gott hat die ganze Welt mit sich versöhnt. Ich hatte den Willen Gottes in der heiligen Tora gesucht. In Jesus fand ich die Liebe Gottes. Da wurde mir auch klar, daß für Nichtjuden der Weg zu Christus nicht über die Tora und die Beschneidung führen muß.

Ich werde weiter mit Jesus gehen. Dabei weiß ich, daß sein Weg in den Tod führte. Wenn es sein muß, will ich ihm auch darin folgen. Dennoch werde ich mit ihm leben. Ich bin mir sicher: Weder Tod noch Leben, weder Engel noch Teufel, weder Gegenwart noch Zukunft, weder Sterne im Aufgang noch Sterne im Niedergang, noch irgendeine andere Kreatur können mich trennen von der Liebe Gottes, die in Jesus Christus ist, meinem Herrn.

■ *Lies nach und fasse den Inhalt der Textstellen hier zusammen:*

Festmahl (Lukas 14, 16–23):

_____

_____

_____

Tempel (Markus 11, 15–17):

_____

_____

_____

Passion (2. Korinther 11, 23ff; vgl. S. 28):

_____

_____

_____

Weder Tod noch Leben (Römer 8, 38–40):

_____

_____

_____

_____

8 Die Sache Jesu braucht Begeisterte

Die Sa-che Je-su braucht Begeisterte. Sein Geist sucht sie auch unter uns.

Er macht uns frei, da-mit wir ein-an-der be-frein. Die -frein.

1. Wer friedlos ist, wer Haß im Herzen trägt, wer ent-

zweit lebt, wer befreit sie zum Frie-den? Die
(von vorne)

2. Wer ver-zweifelt ist, wer ver-bit-tert klagt, wer ent-

fremdet lebt, wer befreit sie zur Hoff-nung? Die
(von vorne)

3. Wo Fronten sind, wo Grenzen tren-nen, wo Mauern

stehn, wer be-freit uns zum Ge-spräch? Wo Schreie sind,

wo Hun-ger herrscht, wo E-lend haust, wer be-freit uns zur Ge-

rechtigkeit? Die
(von vorne)

4. Wo Krie-ge sind, wo Schüsse fal-len,

wo Gefan-ge-ne lei-den, wer befreit uns zum Le-ben? Die
(von vorne)

9 Liam McCloskey

Von der IRA wird er als Verräter angesehen, von den britischen Sicherheitskräften schlägt ihm, dem Ex-Terroristen, Mißtrauen entgegen. Liam McCloskey (30) läßt sich trotzdem nicht einschüchtern. Sicherheitskräfte wie IRA-Kämpfer begleitet er ruhig auf ihrem letzten Weg: „Jedes Menschenleben ist heilig. Jeder Tote ist einer zuviel."

Beerdigungen sind häufig der Ausgangspunkt für neue Gewaltakte. Oft kommt es zu gewaltsamen Auseinandersetzungen zwischen Trauergästen und Sicherheitskräften. Liam überlegt sich nun zusammen mit anderen Mitgliedern der „Gebets- und Versöhnungsgemeinschaft Columba House" in Derry, bei Begräbnissen eine unbewaffnete Menschenkette zwischen den beiden Gruppen zu bilden. Diese gewaltfreie Initiative hat mehr Aussicht auf Erfolg als andere gutgemeinte Friedensaktionen, da dem ehemaligen IRA-Mitglied bei extremistischen Gruppen mehr Autorität als anderen Friedensarbeitern zukommt. Immerhin verbrachte er sieben Jahre wegen IRA-Mitgliedschaft im Gefängnis und nahm 1981 55 Tage am Hungerstreik der IRA-Häftlinge teil.

Mit 16 Jahren trat Liam in die IRA ein, bereit, für eine gerechte Sache zu kämpfen. 1977 wurde er wegen Waffenbesitz und IRA-Zugehörigkeit zu einer zehnjährigen Haftstrafe verurteilt. McCloskey: „Ich bin froh, daß ich ins Gefängnis kam, bevor ich jemanden ermordet habe. Ich glaube, daß jemand, der einmal getötet hat, fast gezwungen ist, erneut zu töten, um sich selbst zu beweisen, daß die Tat richtig war."

Das Alltagsleben im Gefängnis war von Demütigungen und Gewalt der Wärter, Protestaktionen der Gefangenen und großem Beschäftigungsmangel geprägt. In jeder Zelle lag eine Bibel, die oft auch Liams einzige Lektüremöglichkeit war. Mit der Zeit gewann sein Glaube mehr an Bedeutung, und durch Gespräche und Gebete erfuhr er von der Liebe Gottes.

Der IRA-Hungerstreik im Gefängnis sollte den Protest weiter verschärfen. Liam setzte seinen Namen auf die Teilnehmerliste, obwohl er mittlerweile zu der Überzeugung gekommen war, daß Gewalt keine Lösung herbeiführen würde. Andererseits fühlte er sich noch der IRA verpflichtet und hätte es als feige empfunden, sich zu drücken.

Der Hungerstreik forderte zehn Opfer. Als Liam an die Reihe kam, besprach er mit seiner verzweifelten Mutter die Einzelheiten seiner Beerdigung. Er erblindete durch den Hungerstreik zeitweise, verlor den Gleichgewichtssinn und fast das Gehör. Am 55. Tag intervenierten seine Mutter und ein Pfarrer. Liam gab den Streik auf und wurde künstlich ernährt. Eine Woche später wurde der gesamte IRA-Hungerstreik beendet, ohne daß das Hauptziel, der politische Status, erreicht worden war.

Christliches Leben und Gebet standen von jetzt an für Liam im Vordergrund. Er versuchte auch den Wärtern gegenüber Respekt zu haben, was allgemein als „kriechen" bezeichnet wurde: „Wenn sie es kriechen nennen, daß ich einen anderen Menschen als Menschen behandle, dann krieche ich." Nach seiner Entlassung schloß sich Liam der Columba-Gemeinschaft an, die durch Gebet und Friedensarbeit wirken will.

■ *McCloskey hat sich gewandelt. Halte die Veränderungen in der Skizze fest:*

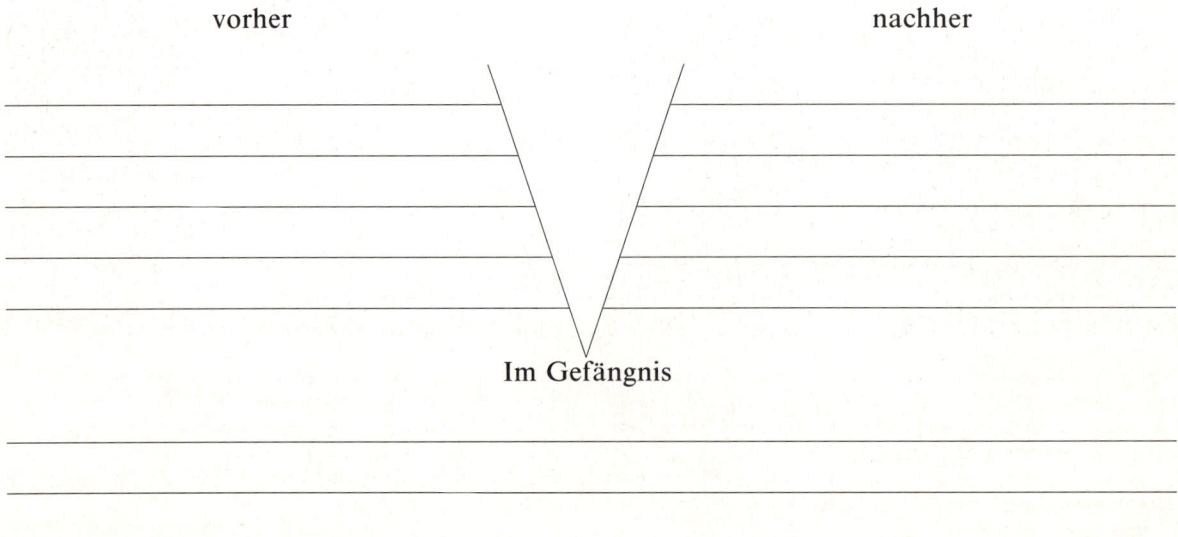

vorher   nachher

Im Gefängnis

10 Erste Wirksamkeit in Kleinasien

Nach der entscheidenden Wende in Damaskus ging Paulus nach Arabien, in das Gebiet des heutigen Staates Jordanien. Er zog sich nicht in die Einsamkeit der Wüste zurück, etwa um sich für sein künftiges Werk vorzubereiten. Wir wissen heute, daß diese Gegend durchaus besiedelt war und bedeutende alte Kulturzentren wie die Nabatäerstadt Petra aufwies. Trotz der spärlichen Nachrichten über diesen Aufenthalt muß man davon ausgehen, daß Paulus dort die Botschaft von Jesus Christus verkündigte. Nur so läßt sich erklären, daß König Aretas Paulus verfolgte und ihm bis nach Damaskus hin nachstellen ließ. Erst nach dieser vorzeitig abgebrochenen Tätigkeit in Arabien begab sich Paulus nach Jerusalem, um Petrus kennenzulernen. Was die beiden besprochen haben, ist unbekannt. Man kann nur vermuten, daß sie sich über die von ihnen weitergegebene Christusbotschaft verständigten. Unmittelbar nach diesem Treffen begann Paulus mit der Verkündigung in Syrien und Kilikien, dem Gebiet in der Umgebung seiner Heimatstadt Tarsus. Seine Arbeit dort scheint Erfolge gehabt zu haben, jedenfalls erfahren jetzt auch andere Christen vom Wirken ihres einstigen Verfolgers.

Paulus wird auch in Antiochia (Syrien) bekannt. Antiochia war damals eine bedeutende Stadt, die drittgrößte im Römischen Weltreich (etwa 500 000 Einwohner). Hier war der Sitz des römischen Statthalters für die Provinz Syrien. Zahlreiche Prachtbauten und eine blühende Wirtschaft kennzeichneten die Weltstadt. Für Handel und Verkehr war sie gut geeignet, denn sie lag am Fluß Orontes. Zu ihr gehörte der Hafen Seleukia am Mittelmeer.

In Antiochia gab es schon früh eine christliche Gemeinde. Sie war offensichtlich von Judenchristen gegründet worden, die aus Jerusalem hatten fliehen müssen. In ihrer neuen Umgebung wurden diese Christen als eine vom Judentum unabhängige Gruppierung verstanden und als „Christianer" (d. h. Christusleute) bezeichnet. Einer der Gründer dieser Gemeinde war Barnabas. Er holte Paulus nach Antiochia.

Petra erreicht man durch eine enge Schlucht („Siq"). Man stößt zuerst auf das Schatzgrab (Al Khaznah). Im 1. Jahrhundert n. Chr. gehörte Petra zum Königreich der Nabatäer. Es umschloß den jüdischen Staat und reichte bis nach Damaskus. Die Nabatäer kontrollierten wichtige Handelswege und erzielten hohe Einnahmen durch Besteuerung der Karawanen.

Im Tal von Antiochia kommt man unmittelbar neben einem tiefen Felsspalt („Pforte der Hölle") an dem vier Meter hohen, in den Fels gehauenen Unterweltfährmann Charon vorbei. Jeder mußte sich am offiziellen Staatskult des Charon beteiligen und dem Toten- und Pestgott zur Versöhnung opfern.

11 Eine wichtige Besprechung in Jerusalem

Es ist das Jahr 48 n. Chr. Zwischen der Gemeinde in Jerusalem und der Gemeinde in Antiochia ist es zu Spannungen gekommen. Die Gemeinde von Antiochia sandte Barnabas, Paulus und Titus nach Jerusalem, um die Konflikte mit Jakobus, Petrus und Johannes, den führenden Männern der Jerusalemer Gemeinde, zu besprechen. Szene I spielt unmittelbar nach dem entscheidenden Treffen: Jerusalemer Christen unterhalten sich über den Verlauf und das Ergebnis des Gespräches. In Szene II unterhalten sich Titus und Barnabas in ihrer Herberge über die gerade abgeschlossene Zusammenkunft mit den Jerusalemern.

Szene I

Jitzak: Immer diese Entscheidungen: Vor einiger Zeit der Fall Stephanus und jetzt die Neuauflage!

Simon: Schon wieder haben wir es mit Abtrünnigen zu tun! Erinnert Ihr Euch noch an die Sache mit Stephanus? Jetzt ist es Paulus, mit dem sich Jakobus, Johannes und Petrus, unsere Gemeindevorsteher, herumschlagen müssen. Ich bin gespannt, wo das alles noch hinführen wird. Wir alle wissen doch, daß Jakobus genauso fest wie wir zur Tora hält.

Jitzak: Wir wissen aber auch, daß er ein Mann des Ausgleichs ist. Er ist stets um die Einheit der Christen aus Juden und Heiden bemüht.

Philippus: Ausgerechnet Jakobus ließ die Heidenmissionare gewähren, und das, obwohl wir doch nach dem Gesetz des Mose verlangen müssen, daß alle, die zum Glauben an unseren auferstandenen Herrn gekommen sind, auch dessen jüdischen Glauben annehmen.

Simon: Dies hätte dann auch für Titus gelten müssen, den Paulus hierher nach Jerusalem mitgenommen hat und der als Grieche nach wie vor noch unbeschnitten ist, wie ich hörte. Nur als Beschnittener kann er in Gottes Heilsbund mit Israel aufgenommen werden.

Jitzak: Für unsere Gemeinde bedeutet der Kompromiß mit Paulus ein sehr weitgehendes Entgegenkommen. Und das in einer Zeit, wo wir hier wahrhaftig Schwierigkeiten genug haben. Die einen denken nur noch wie sie die Römer bekämpfen können, andere ziehen sich in die Wüste zurück, die Sadduzäer sind nur noch um den Tempel besorgt, und die Pharisäer streiten sich um Details der Toraauslegung. Und wir sind mittendrin. Täglich kommen wandernde Prediger zu uns und lassen durchblicken, daß ihre radikale Form der Nachfolge unseres Herrn vielleicht doch angemessener sei als die Ausübung eines Berufes hier in der Stadt. Und als ob das noch nicht genug wäre, so machen die Aktivitäten der Antiochener und besonders des Paulus uns unseren jüdischen Brüdern verdächtig, bei andern sogar verhaßt.

Andreas: Ja, leichter macht uns die Übereinkunft mit Paulus das Leben hier nicht.

Simon: Daß sie uns mit einer Spende bedenken wollen, ist auch eine zweischneidige Sache. Einerseits ist es schon richtig, daß uns die reichen Gemeinden der Griechen unterstützen, und gebrauchen können wir das Geld ja allemal. Es war durchaus ein Entgegenkommen von Paulus und zeigt seinen Respekt vor uns, aber wenn es hier bekannt wird, dann kann auch keiner die Zusammenarbeit mit ihm leugnen. Wir sind dann indirekt für die ganze Heidenmission mitverantwortlich.

Jitzak: Dann war es wohl doch ein Sieg des Glaubens über Vorsicht und Taktik.

Szene II

Titus: Ich bin doch froh, daß wir den Weg hierher nach Jerusalem unternommen haben. Was manche Wanderprediger über uns Heidenchristen hier in Jerusalem verbreiten, ist doch nur dummes Geschwätz.

Barnabas: Gott sei Dank wußte Paulus darüber Bescheid, daß uns dort einige verunglimpfen wollten, und konnte auf der Zusammenkunft dokumentieren, daß Gerechtssprechung von Gott nicht durch die strenge Erfüllung der Toragesetze zu erlangen ist, sondern vielmehr durch das bedingungslose Vertrauen und den Glauben an Jesus Christus.

Titus: Das hast du gut ausgedrückt. Jedenfalls ich bin erleichtert, daß Paulus an mir selbst beweisen konnte, daß man auch Christ sein kann, ohne vorher Jude zu werden, und so die Freiheit von uns Heidenchristen demonstriert hat. Auch von meiner Elternseite her gab es keinen Grund, mich beschneiden zu lassen. Durch den Handschlag mit den „Säulen", wie die ihre Gemeindevorsteher nennen, haben wir die Gewißheit, daß wir weiterhin zu den Heiden predigen können und sie zu den Juden.

Barnabas: Ich bin auch zufrieden, daß es zu der partnerschaftlichen Einigung gekommen ist, wobei ich weiß, daß Jakobus ein uns Heidenchristen bei aller Strenge durchaus wohlgesonnener Mann ist. Er ist genauso um die Einheit und die Lebendigkeit der Gemeinde Jesu Christi besorgt wie Paulus. Aber er wird noch einen schweren Stand haben. Hoffentlich gerät er nicht auch in den Verdacht, wie damals Stephanus, ein Volksverführer zu sein. — Hast du auch die Spannung zwischen Petrus und einigen der besonders gesetzesstrengen Juden wahrgenommen?

Titus: Du meinst, daß Petrus, weil er uns Heidenchristen so wohlgesonnen ist, in den Augen der anderen zu lax erscheint?

Barnabas: Man muß immer daran denken, daß die Existenz von Christen aus dem Heidentum für die Jerusalemer Judenchristen in ihrer streng jüdischen Umgebung schon eine Herausforderung ist.

Titus: Es war auch ein guter Gedanke, mit einer Kollekte der Armen in Jerusalem zu gedenken und dadurch der ältesten und vornehmsten Gemeinde unseren Respekt zu erweisen.

Barnabas: Das mit der Kollekte sehe ich allerdings nicht nur als Liebe und Dankbarkeit zur Urgemeinde an, sondern eher als Verpflichtung der Missionszentren gegenüber der Mutterkirche. Aber die Zeit wird es zeigen.

Titus: Weißt Du, was ich glaube? Es wird noch ein Ringen darum geben. Die Jerusalemer sind auf Abstand und Abgrenzung, unser Paulus hingegen auf Gemeinschaft aus. Paulus bleibt nur zu wünschen, daß er einen langen Atem hat, denn wenn unsere Mission bei den Heiden weiterhin so erfolgreich sein wird, wird das nächste Treffen mit den Jerusalemern nicht einfacher werden.

■ *Rekonstruiere die Streitfragen*

_____

_____

_____

■ *Arbeite den Kompromiß heraus mit den Folgen für die beiden Gruppen*

_____

_____

_____

_____

■ *Spiele andere Lösungsvorschläge mit den Konsequenzen durch*

_____

_____

_____

_____

■ *Auch mit dieser wichtigen Besprechung 48 n. Chr. waren nicht alle Probleme gelöst. Lies dazu Gal 2, 11–14 und notiere die Streitfrage*

_____

_____

STATIONEN UND STÜTZPUNKTE

12 Reisen im Römischen Reich

Straßen

Ausgezeichnete Straßen führten leicht erhöht meist schnurgerade durch die Landschaft. Nach 1000 Doppelschritten (etwa 1,5 km) stand jeweils ein Meilenstein, der dem Reisenden zur Orientierung diente. Meistens reiste man zu Fuß. Vornehme Leute konnten es sich leisten, zu reiten oder in zwei- oder vierrädrigen Wagen zu fahren. Trotz vieler Soldaten auf den Straßen waren Überfälle von Banditen eine ständige Gefahr. Man vermied es nach Möglichkeit, im Winter zu reisen, da die Straßen häufig blockiert oder überschwemmt waren. Zu Fuß legte man normalerweise täglich 16 bis 20 Meilen zurück. Ein Wagen fuhr am Tag etwa eine Strecke von 25 Meilen. Reitende konnten am Tag 50 Meilen weit kommen. Die römischen Straßen waren so gut ausgebaut, um die einzelnen Provinzen möglichst eng mit der Hauptstadt zu verbinden.

Schiffahrt

Neben den Kriegsschiffen kannten die Römer große Handelsschiffe, die auch Passagiere beförderten. Ein alexandrinisches Getreideschiff war bis zu 54 Meter lang und hatte eine Wasserverdrängung von 1200 Tonnen. Es gab Schiffe, die 600 Personen an Bord nehmen konnten. Die Schiffe hatten gewöhnlich nur ein großes Segel, das an dem einzigen Mast befestigt war. Dadurch war es schwierig, die Steuerung des Schiffes den Windverhältnissen anzupassen. Durch die Bewegung des Mastes wurde der Schiffskörper stark erschüttert, so daß sich die Planken lösen und gefährliche Lecke entstehen konnten. Vom 10. November bis zum 10. März blieb die Schiffahrt wegen der gefährlichen Winterstürme fast völlig eingestellt. Die sicherste Zeit lag zwischen dem 26. Mai und dem 14. September.

Drei Schiffe segeln gegen die Wellen, je drei Seeleute sind mit Segeln und Steuerrudern beschäftigt. Delphine bedrohen einen Mann, der über Bord gegangen ist. (Ausschnitt aus einem römischen Sarkophag aus dem 2./3. Jh. n. Chr.)

■ *Nenne die Gründe, die Paulus zum Reisen veranlaßt haben.*

_____

_____

_____

■ *Erleichtert wurde das Reisen im Römischen Reich durch das gut ausgebaute Straßennetz und zeitweise auch durch die Schiffahrt. Schwierigkeiten und Gefahren kannst du dir selbst ausdenken.*

13 In Philippi, Thessalonich und Athen

365 v. Chr. erhielt die Stadt zu Ehren König Philipps II. von Mazedonien den Namen Philippi. In römischer Zeit, als auch Paulus die Stadt besuchte, war Philippi vor allem Militärkolonie.

Das Bild zeigt den Gangites, 2 km außerhalb von Philippi. Hier verkündete nach der Apostelgeschichte Paulus das Evangelium zum ersten Mal in Europa, und zwar einer Gruppe Frauen, die sich zum Sabbatgottesdienst versammelt hatten.

Lies dazu Apg 16, 12–15. Fasse die Ereignisse zusammen.

_____

_____

_____

_____

Thessalonich (heute Saloniki, mit über 400 000 Einwohnern die zweitgrößte Stadt Griechenlands) war 315 v. Chr. gegründet worden. Sie wurde zu Ehren der Gemahlin des Königs Kassander, Thessalonike, der Schwester Alexander d. Gr., umbenannt. Seit 146 v. Chr. war sie Hauptstadt der römischen Provinz Mazedonien. Paulus gründete hier 49/50 n. Chr. eine der ersten Christengemeinden auf griechischem Boden. In seinem Brief an die Thessalonicher (50/51 n. Chr.) findet sich eine schöne Zusammenfassung der ursprünglichen Verkündigung des Paulus.

■ *Lies 1 Thess 1, 9 f und notiere hier drei wichtige Punkte:*

_____

■ *Suche auf der Karte auch die anderen Orte auf, die Paulus im griechischen Raum besucht hat.*

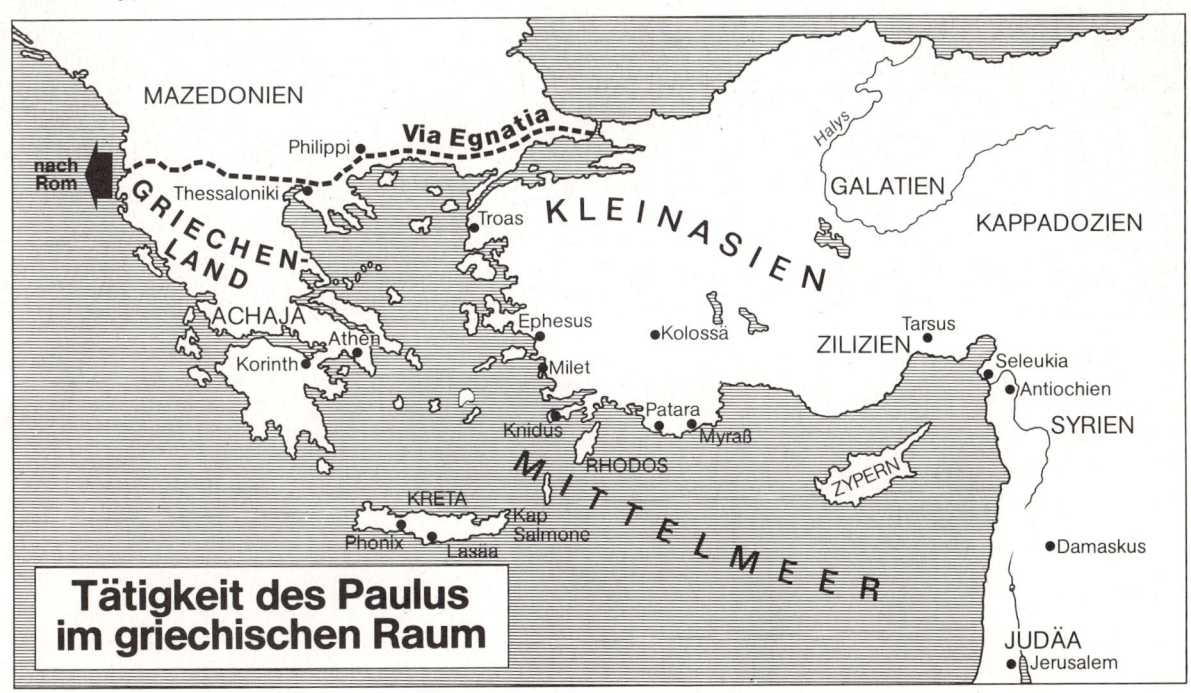

Tätigkeit des Paulus im griechischen Raum

Der Parthenontempel in Athen wurde zwischen 447 und 438 v. Chr. als erstes Bauwerk der neuen Akropolis errichtet. Heiliges Zentrum war das vor der Rückwand aufgestellte Götterbild. Es wurde bestaunt und bewundert, geopfert wurde nicht vor ihm.

Die Innenausstattung des Parthenon ist ausschließlich der Göttin Athene und der Geschichte ihrer Stadt gewidmet. Das Goldelfenbeinstandbild hat der berühmte Bildhauer Pheidias geschaffen. Die Statue, von der nur noch das Fundament erhalten ist, war 12 m hoch. Sie läßt sich nach erhaltenen Marmorstatuetten rekonstruieren. Die über alles erhabene Göttin stützt sich mit ihrer Linken auf einen Schild, in ihrer ausgestreckten Rechten trägt sie eine kleine Nike (Siegesgöttin). Auf der Innenseite des Schildes ringelt sich die Burgschlange.

Athen, Zentrum der griechischen Kultur lebte zur Zeit des Paulus weitgehend von seiner großen Vergangenheit. Die Stadt war voll von Tempeln und Standbildern von Göttern.

■ *Lies Apg 17, 16 und versuche den Zorn des Apostels verständlich zu machen. – Vergleiche dazu auch Ex 20,4.*

_____

_____

_____

_____

_____

_____

_____

_____

NEUE
KORINTHER NACHRICHTEN

IM XIV. REGIERUNGSJAHR DES KAISERS CLAUDIUS

Wurde Claudius ermordet?

Ungeheuerliche Verdächtigung

Unser Sonderkorrespondent Flavius berichtet aus Rom

Agrippina, die Frau des verstorbenen Kaisers, wird verdächtigt, ihren Mann ermordet zu haben. Wer steht hinter diesen Verleumdungen?

Obwohl sich die Urheber der Gerüchte verstecken, kann ich nun – nach Kontakten mit zahlreichen Leuten in Rom – weitergeben, was über den Tod des unvergleichlichen Kaisers berichtet wird. Ich tue dies nicht, um etwa den Verleumdern recht zu geben, sondern um zu zeigen, zu welchen Lügen die Gegner von Agrippina und Nero greifen. Agrippina soll – so wird hinter vorgehaltener Hand gemunkelt – schon lange geplant haben, ihren vierten Mann, Claudius, umzubringen. Das Ziel Agrippinas: Ihren Sohn Nero, der aus erster Ehe stammt, endlich als Kaiser ausrufen zu lassen.

Für ihr schändliches Tun soll Agrippina eine besonders geschickte Giftmischerin angestellt haben. Diese habe ein Gift gebraut, das den Verstand verwirrt.
Es sei – so wird gemunkelt – einem Pilzgericht beigegeben worden. Ein Sklave, der Claudius stets beim Essen bediente und die Speisen kostete, soll es ihm überreicht haben. Offenbar habe das Gift nicht tödlich gewirkt. Claudius sei es nur erbärmlich schlecht geworden. Darauf habe Agrippina einen zu den Verschwörern gehörenden Arzt geholt. Unter dem Vorwand, Claudius zum Erbrechen zu verhelfen, habe der Arzt eine giftschmierte Feder in den Rachen

des Kaisers eingeführt. Dieses Gift habe sofort gewirkt, so dass Claudius verstarb. Er sei mit warmen Tüchern und Umschlägen bedeckt worden, um seinen Tod bis zur Sicherung der Herrschaft für Nero zu verbergen.
Der neue Kaiser Nero hat die Gerüchte als «ungeheuerliche Verleumdung und Verbrechen» bezeichnet. «*Nach den Urhebern dieser gegen meine Mutter erhobenen Verleumdungskampagne wird gefahndet*», liess der Kaiser in Rom öffentlich bekanntgeben.

Glücklicher Zufall: Rechtzeitig zur Thronbesteigung ist das Bildnis des Nero fertig geworden.

Ein Verein von Wirrköpfen

Zur Jesus-Sekte in Korinth

Was hat es mit der Jesus-Sekte auf sich? Wir fragten Dionisus Averus, Lehrer am hiesigen Gymnasium und Sachverständiger für fremde Religionen und Kulte. Hier – leicht gekürzt – seine Beurteilung.

Eigentlich geht der Kult auf Prophezeiungen zurück, die in jüdischen Schriften gemacht wurden. Danach sollen die Propheten der Juden das Kommen eines grossen Königs vorausgesagt haben. Die Juden nennen ihn Messias. Immer wieder gab es Wirrköpfe, die diese Prophezeiung nicht nur symbolisch auffassten, sondern sich selbst als den Messias bezeichneten.
Der letzte, der mit diesem Anspruch auftrat, war ein gewisser Jesus, Sohn des Joseph aus Galiläa. Sein Vater soll ein gewöhnlicher Zimmermann gewesen sein.
Als er erwachsen war, begann dieser Jesus dem Volke zu predigen. Er war sehr erfindungsreich und pflegte seine Lehre in Form von Geschichten zu verkünden.

Aufständischer zum Tode verurteilt

Seine ketzerischen Reden führten zu Tumulten, und das konnten die Römer im sonst schon unruhigen Jerusalem und Palästina nicht brauchen. Der römische Statthalter Pilatus liess ihn verhaften und zum Tode verurteilen.
Als er tot war, verliessen ihn die meisten Anhänger. Ein paar aber behaupteten, sie hätten diesen Jesus gesehen und es werde nun bald ein neues Reich entstehen.

Die Anhänger dieses Kultes sind hartnäckig und kaum von ihrem Glauben abzubringen. Der Kult hat sogar nach Rom übergegriffen und scheint auch in unserer Stadt unterirdisch ziemlich wirksam zu sein.

Widerstand gegen Kanalbau

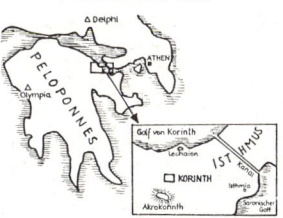

In letzter Zeit sind wieder Pläne für den Bau eines Kanals durch den Isthmus ins Gespräch gekommen. Wie jedes Kind weiss, müssen die Waren jetzt aus dem Schiffsinnern getragen und auf Esel verladen werden. Das leere Schiff wird auf Holzrollen aus dem Wasser gezogen und von Pferden über die sechs Kilometer lange Bahn an das Ufer des anderen Meeresgolfes geschleppt. Dort wird wieder eingeladen und weitertransportiert.
Nun möchte der Stadtrat in Zusammenarbeit mit der römischen Abteilung für Militär- und Zivilschiffahrt in den Isthmus einen Kanal graben, so dass die Schiffe hindurchfahren können.
Während das Projekt von Schiffseigentümern und dem Militär begrüsst wird, entstand in der Stadt Widerstand. Geschäftsinhaber und Händler haben eine Notvereinigung der Korinther Kaufleute (**NKK**) gebildet. Die NKK gab gestern in einer Mitteilung folgendes zu bedenken: «*Nach dem Bau des Kanals werden zahlreiche Arbeitsplätze verlorengehen. Die Schiffe werden ohne Zwischenhalt an Korinth vorbeifahren. Die Einkünfte im Zusammenhang mit dem notwendigen Umladen fallen nach dem Bau dahin. Nicht nur die Händler, Gastwirte und Hafentransporteure werden das merken, sondern auch die Stadt. Denn ohne ein starkes Gewerbe wird Korinth seine jetzige Stellung nicht behaupten können.*»
In einer Eingabe fordert die NKK den Stadtrat auf, die Kanalprojekte fallenzulassen und statt dessen die jetzigen Umladerampen auszubauen. In der nächsten Ausgabe bringen wir dazu ein Interview mit dem Tuchhändler Xenos.

Himmelsreise – Traum oder Wirklichkeit?

Immer mehr wird unsere Stadt mit religiösen Bewegungen aus östlichen Ländern überschwemmt. Aber niemand weiss so recht, wer eigentlich dazugehört und was bei den geheimen Versammlungen geschieht. Unserer Redaktion ist es endlich gelungen, die Stimme eines geweihten Gläubigen festzuhalten.

Er berichtet über seine religiösen Erlebnisse:
«*Ich kam bis an die Grenze des Todes, ich betrat die Schwelle der Unterwelt. Ich fuhr durch alle Elemente und kehrte dann zur Erde zurück. Mitten in der Nacht sah ich die Sonne in hellem Glanze erstrahlen. Den unteren und den oberen Göttern habe ich mich genaht; ich betete sie an von Angesicht zu Angesicht.*»

Das Urteil über diese phantastische Himmelsreise möchten wir dem geneigten Leser überlassen.

Verfolgen nützt wenig

Die Jesus-Sekte ist eine gefährliche religiöse Bewegung, da sie alle politischen Ordnungen in Frage stellt. Unterdrücken hätte aber keinen Sinn:

denn dadurch werden solche Bewegungen ja nur stärker. Obwohl da und dort auch gebildete Leute von hohem Rang der unerklärlichen Verführung dieses Kultes erlegen sind, glaube ich nicht, dass daraus letztlich eine Gefahr für unsere Gesellschaft oder gar für unseren Staat erwächst.

Aus einem Verein, der Strassenkehrer, Lumpensammler, Sklaven und Hilfsarbeiter zu seinen Anhängern zählt, kann nichts Kraftvolles entstehen.

---

15 Die Christen in Korinth versammeln sich

Ich bin Schreibsklave in der großen Korinthischen Handels- und Gewerbebank. Einer meiner Kollegen ist Schreibsklave bei der Provinzverwaltung. Er heißt Tertius. Dieser Tertius nun lud mich vor kurzem zu der Kultveranstaltung einer Sekte ein, die die Sekte der „Christen" genannt wird. Ich wußte von dieser Sekte nur vom Hörensagen und benutzte daher die Gelegenheit, mit Tertius zu einer ihrer Veranstaltungen zu gehen. Allein hätte ich mich nicht getraut.

Die meisten Korinther waren übrigens der Meinung, die Sekte der Christen sei eine Partei der Juden. Andere sagten, es sei purer Aberglaube. Jedenfalls hatten die Christen sich eine Zeitlang bei einem getroffen, der direkt neben der Synagoge wohnte. Aber aus Bemerkungen von jüdischen Kunden hatte ich erfahren, daß die Sekte der Christen sich endgültig mit der Synagoge verkracht hätte. Es ging hier um Fragen der Beschneidung, des Sabbats und gewisser Essensvorschriften.

Die Zusammenkunft der Christen fand an diesem betreffenden Sonntagabend im Hause des stadtbekannten Gajus statt. Als wir dort ankamen, waren schon etwa zwanzig bis dreißig Personen versammelt, meistens bessere Leute aus Korinth, entweder Schreib- oder Haussklaven wie ich selber, oder aber relativ begüterte Beamte und Gewerbetreibende. Im ganzen herrschte eine gelockerte Stimmung, anders als bei offiziellen Empfängen. Die meisten Neuankömmlinge brachten etwas Eßbares mit: Früchte, Brot, Käse, Oliven, Blumen. Alles wurde auf einen großen Tisch gelegt. Ich war etwas verlegen, da ich nichts mitgebracht hatte.

Der Innenhof der Villa des Gajus füllte sich mehr und mehr. Nach der Abenddämmerung kamen auch Hafenarbeiter. Hätte man sie nicht gesehen, man hätte sie gerochen, denn sie brachten den typischen Geruch der Hafenarbeiter mit sich: Salzwasser und Fisch. Zudem kam nach acht Uhr eine ganze Clique von Hilfsarbeitern – alles Sklaven, wie man schon ihrem Benehmen anmerkte – und ausländische Arbeitskräfte aus Oberägypten und anderen entlegenen Orten des Römischen Reiches. Unter sich redeten sie übrigens weder griechisch noch lateinisch, sondern irgendeinen barbarischen Dialekt. Erastus, ein Freund von Gajus und Vorsteher des korinthischen Bauamtes, begrüßte sie und schenkte ihnen Wein ein, wie allen anderen. Allerdings reichte es nicht mehr für sie alle, denn sie hatten offenbar einen Riesendurst.

Drüben bei den Hilfsarbeitern und Ausländern war mir schon lange eine etwas exotische Frau aufgefallen mit kurzgeschnittenen Haaren und einem purpurnen Kleid. Soweit ich das im Licht der unterdessen angezündeten Fackeln feststellen konnte, bewegte sie eine kleine Handtrommel, eine Art Tamburin. Die Hilfsarbeiter standen auf und stampften mit den Füßen den Takt des Tamburins mit. Ich merkte, daß sie in außerordentlich scharfen und zackigen Rhythmen und ursprünglichen, fast einfältigen Harmonien, ein Wort ständig wiederholten. Es hieß „marana-tha", wobei sie die zweitletzte und die letzte Silbe betonten: „maranatha" („Unser Herr, komm!").

Dann stand die Frau mit dem purpurnen Kleid – unterdessen hatte ich gehört, daß sie Chloe hieß – auf und redete heftig, mit geschlossenen Augen. Sie hatte die Haare mit einem Schleier bedeckt, der im Fackelschein rot aufglühte. Sie kam mir vor wie eine Orakelprophetin aus dem alten Griechenland. Von dem, was sie sagte, verstand ich kein Wort. Vielleicht sprach sie ausländisch für die Ausländer.

Als sie geendet hatte, redete einer der Ausländer in gebrochenem, aber gut verständlichem Griechisch. Offenbar übersetzte er die Chloe. Er sagte ungefähr folgendes: „Vor mir sind alle gleich, Juden und Griechen, Sklaven und Freie, Männer und Frauen. Ehret jeden und jede als Heilige Gottes. Im Volk Gottes gibt es nur Heilige, keine noch Heiligeren! So spricht der Herr."

Kaum war die Übersetzung zu Ende, gab es eine allgemeine Diskussion. Ich verstand selbstverständlich nur das, was um mich herum geredet wurde. Die Ausländer und die Sklaven hatten sich auf der linken, mir gegenüberliegenden Seite aufgestellt. Sie konnte ich nicht verstehen, obschon sie laut gestikulierten und manchmal auch etwas zu den Christen herüberschrien, die um mich herumstanden. Diese sagten zueinander: „Nimmt mich wunder, wie lange man diese Chloe und ihre Anhänger noch gewähren läßt? Müssen wir uns wirklich Sonntag für Sonntag von diesen doch etwas primitiven Menschen anpöbeln lassen? Ganz abgesehen davon, daß ihr Verständnis des Glaubens etwas einfältig ist. Gewiß, sie erwarten nicht gerade, daß die Christen sie zu freien Menschen in der Stadt Korinth machen. Aber im Gottesdienst – das geht klar aus ihrem Verhalten hervor – erwarten sie tatsächlich, als Gleichberechtigte aufzutreten. Manchmal hat man den Eindruck, daß sie sich auf ihre Primitivität, auf ihre geistige und materielle Armut noch etwas einbilden."

Ich hatte beobachtet, daß Erastus den Innenhof des Hauses, in dem die Christen versammelt waren, verlassen hatte. Nun kam er wieder zurück mit einer Rolle unter dem Arm. Da er mich so freundlich begrüßt hatte am Anfang, wagte ich, ihn zu fragen, was denn dies alles bedeute: „Ja, sehen Sie, bei den Christen ist es grundsätzlich anders als bei den übrigen Religionsvereinigungen. Bei den Christen versammeln sich nicht die Freien zu einem Gottesdienst und die Sklaven zu einem anderen, und die gehobeneren Sklaven – er erwähnte das extra, da er natürlich wußte, daß ich zu diesen gehörte – wissen dann nie recht, zu welchen sie eigentlich gehören." „Aber", fragte ich, „gibt es denn da nicht allerhand Schwierigkeiten, psychologischer und finanzieller Natur?" „Und ob", lachte er, „Sie sehen es ja heute abend. Und dies ist nicht das einzige Thema, wo wir uns ein wenig in die Haare geraten. Sie wissen ja, daß ich als Vorsteher des Bauamtes an Banketten und Zelebrationen der Stadt Korinth teilnehmen muß, an denen auch Fleisch aus den korinthischen Tempeln verspeist wird. Götzenopferfleisch nennen das die Christen. Ich könnte mein Amt als Stadtbaumeister gleich zur Verfügung stellen, wenn ich nicht an diesen Festmählern teilnehme. Ich bin jedoch der Meinung, daß einem Christen alles erlaubt ist, auch die Teilnahme an Geschäftsbanketten und politischen Arbeitsessen, an denen inoffiziell und unter der Hand wichtige Abschlüsse getätigt und politische Kompromisse vorgekocht werden."

Nun schritt Erastus mit seiner Pergamentrolle nach vorn und rollte sie auf. Zu beiden Seiten von ihm stand ein Christ mit einer Fackel und leuchtete ihm.

Gajus führte ihn ein: „Paulus hat uns von Ephesus aus einen langen Antwortbrief geschrieben. Wir haben bereits über mehrere Sonntage aus seinem Brief gelesen und kommen heute, wie mir scheint, zu einer seiner wichtigsten und einflußreichsten Aussagen. Bitte lies, Erastus."

■ *Beschreibe das Verhalten der Chloe. – Notiere ihre Forderung:*

_____

_____

_____

■ *Welche Antwort erwartest du von Paulus? – Schreibe Stichpunkte auf:*

_____

_____

■ *Lies 1 Kor 12 und vergleiche deine Stichpunkte mit den Ausführungen des Apostels.*

■ *Eine Empfehlung darüber, wie man mit „Götzenopferfleisch" umgehen soll, gibt Paulus in 1 Kor 10, 23–33. Lies nach und fasse hier zusammen.*

_____

_____

_____

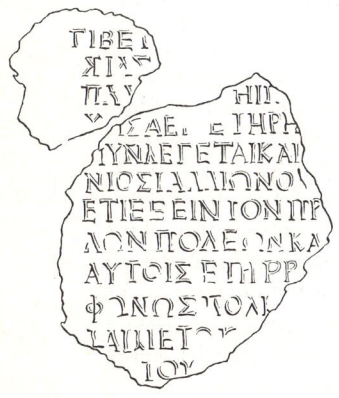 

Die Gallio-Inschrift von Delphi. In Zeile 6 (= Zeile 4 des größten Fragmentes) sind die Worte erkennbar: Gallio mein Freund und Prokonsul von Achaia.
Aus der Inschrift kann man auf das Jahr 51/52 für die Statthalterschaft Gallios in Achaja schließen. Damit ist ein fester Zeitpunkt gewonnen für den Aufenthalt des Paulus in Korinth und seine ganze Biographie.

■ *Lies Apg 18, 12–27 und stelle Gallios Haltung zu Paulus und zur jüdischen Religion heraus.*

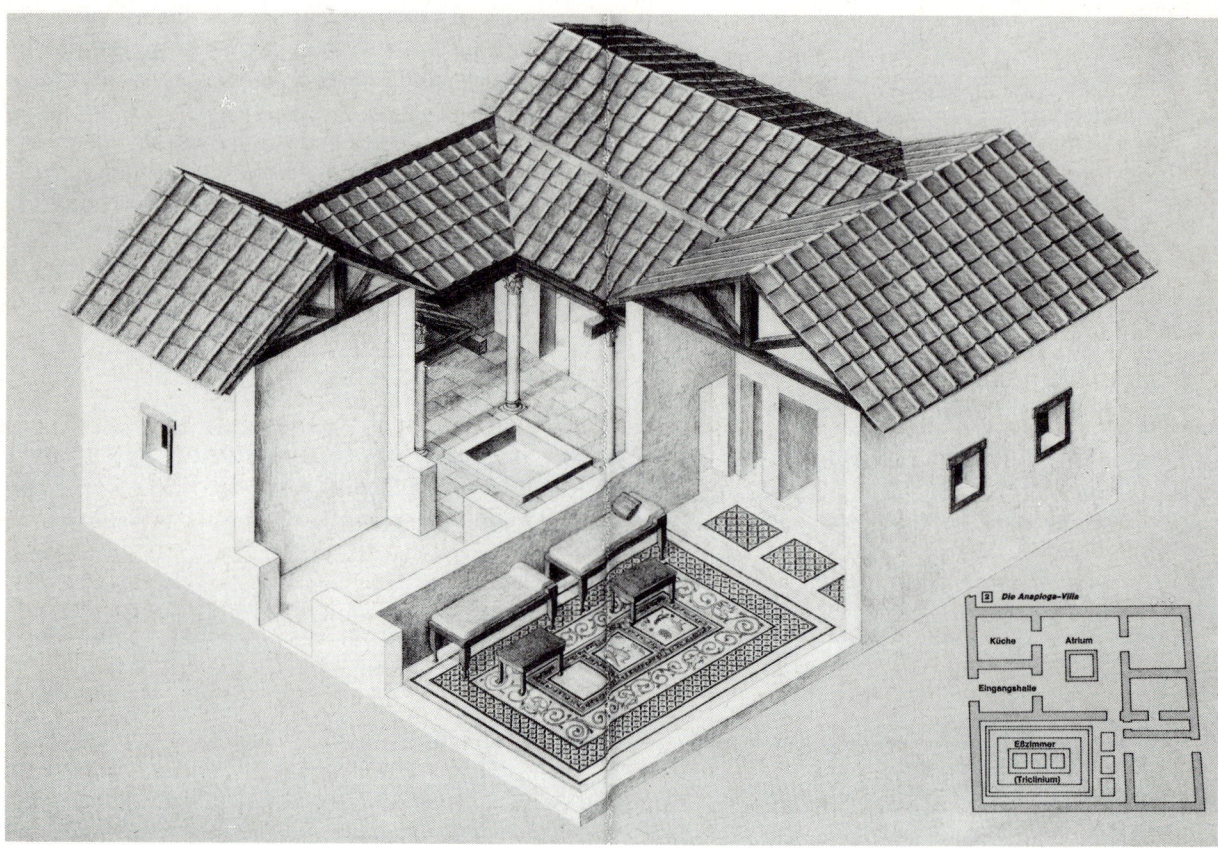

Eine auf archäologischen Funden beruhende Rekonstruktion einer hellenischen Villa, die kürzlich in Anaploga (einem Teil Korinths) ausgegraben wurde. Vielleicht trafen sich christliche Gemeinden in solchen Häusern, um Paulus zuzuhören.

16 Der Aufruhr der Silberschmiede in Ephesus

Um jene Zeit aber wurde der (neue) Weg Anlaß zu einem schweren Aufruhr. Denn ein Silberschmied namens Demetrius, der silberne Artemistempel herstellte und den Künstlern viel zu verdienen gab, rief diese und die anderen damit beschäftigten Arbeiter zusammen und sagte: Männer, ihr wißt, daß wir unseren Wohlstand diesem Gewerbe verdanken. Nun seht und hört ihr, daß dieser Paulus nicht nur in Ephesus, sondern fast in der ganzen Provinz Asien viele Leute verführt und aufgehetzt hat mit seiner Behauptung, die mit Händen gemachten Götter seien keine Götter. So kommt nicht nur unser Geschäft in Verruf, sondern auch dem Heiligtum der großen Göttin Artemis droht Gefahr, nichts mehr zu gelten, ja sie selbst, die von der ganzen Provinz Asien und von der ganzen Welt verehrt wird, wird ihre Hoheit verlieren. Als sie das hörten, wurden sie wütend und schrien: Groß ist die

Artemis von Ephesus! Die ganze Stadt geriet in Aufruhr; alles stürmte ins Theater, und sie schleppten die Mazedonier Gaius und Aristarch, Reisegefährten des Paulus, mit sich.

Als aber Paulus in die Volksversammlung gehen wollte, hielten ihn die Jünger zurück. Auch einige hohe Beamte der Provinz Asien, die mit ihm befreundet waren, schickten zu ihm und rieten ihm, nicht ins Theater zu gehen.

Dort schrien die einen dies, die andern das; denn in der Versammlung herrschte ein großes Durcheinander, und die meisten wußten gar nicht, weshalb man überhaupt zusammengekommen war. Die Juden schickten Alexander nach vorn, und aus der Menge gab man ihm noch Hinweise. Alexander gab mit der Hand ein Zeichen und wollte vor der Volksversammlung eine Verteidigungsrede halten. Doch als sie merkten, daß er ein Jude war, schrien sie alle fast zwei Stunden lang wie aus einem Mund: Groß ist die Artemis von Ephesus! Der Stadtschreiber aber brachte die Menge zur Ruhe und sagte: Männer von Ephesus! Wer wüßte nicht, daß die Stadt der Epheser die Tempelhüterin der Großen Artemis und ihres vom Himmel gefallenen Bildes ist? Dies ist unbestreitbar; ihr müßt also Ruhe bewahren und dürft nicht Unüberlegtes tun. Ihr habt diese Männer hergeschleppt, die weder Tempelräuber noch Lästerer unserer Göttin sind. Wenn also Demetrius und seine Zunftgenossen eine Klage gegen irgend jemand haben, so gibt es dafür Gerichtstage und Prokonsuln; dort mögen sie einander verklagen. Wenn ihr aber noch etwas anderes vorzubringen habt, so kann das in der gesetzmäßigen Volksversammlung geklärt werden. Sonst sind wir in Gefahr, daß man uns nach dem heutigen Vorfall des Aufruhrs anklagt, weil kein Grund vorliegt, mit dem wir diesen Volksauflauf rechtfertigen könnten. Nach diesen Worten löste er die Versammlung auf.
(Apg 19)

■ Notiere Gründe für den Aufruhr. – Vergleiche den Glauben an Artemis mit dem Glauben an Jahwe und dem Glauben an Christus.

Ephesus war die bedeutendste Stadt in Ionien und gehörte zur römischen Provinz Asia. Es lag an der Hauptstraße, die von Rom in den Osten führte. Paulus verbrachte drei Jahre dort.

Ephesus verdankte seinen Ruhm vor allem dem Heiligtum der Artemis (eines der sieben Weltwunder). Artemis war eine asiatische Muttergöttin, deren Kraft und Fruchtbarkeit in zahlreichen Stierhoden symbolisiert wurde. Die Original-Statue bestand aus Meteorit-Material. Der Tempel, wie er noch zur Zeit des Paulus stand, war im 4. Jh. v. Chr. errichtet worden. Zahlreiche Silberschmiede verdienten ihren Lebensunterhalt mit der Herstellung von Statuetten der Göttin.

Ephesus wurde Zentrum für die Verbreitung des Christentums in der ganzen Provinz Asia.

17 Der Brief an Philemon

Paulus schrieb nur einen Brief an eine Einzelperson, und zwar an Philemon, einen Christen in Kolossä. Paulus versucht mit dem Brief, den er eigenhändig im Gefängnis von Ephesus schreibt, einen schwierigen Konflikt zu lösen. Beiden, Onesimus, einem entlaufenen Sklaven, und Philemon, seinem Besitzer, möchte er es dabei recht machen. Das wird nicht einfach sein. Der Steckbrief eines anderen Sklaven hilft dir, Onesimus und Paulus besser zu verstehen.

GESUCHT wird der Sklave Hermon, der seinem Herrn Aristogenes vor 3 Tagen entlaufen ist. Der Sklave stammt aus Syrien, aus der Stadt Bambyke. Er ist 18 Jahre alt und von mittlerer Größe. Er ist kräftig gebaut und hat starke Muskeln. Auf seiner Stirn trägt er, da er schon einmal entlaufen war, ein Brandmal in griechischen Buchstaben: Kateche me – feugo (ergreife mich – ich bin auf der Flucht)! Auf dem rechten Schulterblatt hat er ein großes, braunes Muttermal. Er hat seinem Herrn die Geldbörse mit 3 Goldmünzen entwendet, seiner Herrin 10 Perlen und einen Eisenreif gestohlen. Er ist mit Mantel und Untergewand bekleidet. Für denjenigen, der den Flüchtigen ergreift und zurückbringt bzw. der anzeigt, daß er in einem Tempel Zuflucht gesucht hat, wird eine Belohnung von 1000 Sesterzen ausgesetzt. Wer zweckdienliche Angaben machen kann, soll das bei der Polizeibehörde des Statthalters tun.

Kolossai an den Iden des Juli im 809. Jahr nach der Gründung der Stadt Rom
gez. Aurelius Marcus
Stadtpräfekt von Kolossai

Paulus, Gefangener Christi Jesu, und der Bruder Timotheus an unseren geliebten Mitarbeiter Philemon, an die Schwester Aphia, an Archippus, unseren Mitstreiter, und an die Gemeinde in deinem Haus: Gnade sei mit euch und Friede von Gott, unserem Vater, und dem Herrn Jesus Christus.

Ich danke meinem Gott jedesmal, wenn ich in meinen Gebeten an dich denke. Denn ich höre von deinem Glauben an Jesus, den Herrn, und von deiner Liebe zu allen Heiligen. Ich wünsche, daß unser gemeinsamer Glaube in dir wirkt und du all das Gute in uns erkennst, das auf Christus gerichtet ist. Es hat mir viel Freude und Trost bereitet, daß durch dich, Bruder, und durch deine Liebe die Heiligen ermutigt worden sind.

Obwohl ich durch Christus volle Freiheit habe, dir zu befehlen, was du tun sollst, ziehe ich es um deiner Liebe willen vor, dich zu bitten. Ich, Paulus, ein alter Mann, der jetzt für Christus Jesus im Kerker liegt, ich bitte dich für mein Kind Onesimus, dem ich im Gefängnis zum Vater geworden bin. Früher konntest du ihn zu nichts gebrauchen, doch jetzt ist er dir und mir recht nützlich. Ich schicke ihn zu dir zurück, ihn, das bedeutet mein eigenes Herz. Ich würde ihn gern bei mir behalten, damit er mir an deiner Stelle dient, solange ich um des Evangeliums willen im Gefängnis bin. Aber ohne deine Zustimmung wollte ich nichts tun. Deine gute Tat soll nicht erzwungen, sondern freiwillig sein. Denn vielleicht wurde er nur deshalb eine Weile von dir getrennt, damit du ihn für ewig zurückerhältst, nicht mehr als Sklaven, sondern als weit mehr: als geliebten Bruder. Das ist er jedenfalls für mich, um wieviel mehr dann für dich, als Mensch und auch vor dem Herrn. Wenn du dich mir verbunden fühlst, dann nimm ihn also auf wie mich selbst! Wenn er dich aber geschädigt hat oder dir etwas schuldet, setz das auf meine Rechnung! Ich, Paulus, schreibe mit eigener Hand: Ich werde es bezahlen – um nicht davon zu reden, daß du dich selbst mir schuldest. Ja, Bruder, um des Herrn willen möchte ich von dir einen Nutzen haben. Erfreue mein Herz; wir gehören beide zu Christus.

Ich schreibe dir im Vertrauen auf deinen Gehorsam und weiß, daß du noch mehr tun wirst als ich gesagt habe. Bereite zugleich eine Unterkunft für mich vor! Denn ich hoffe, daß ich euch durch eure Gebete wiedergeschenkt werde.

Es grüßen dich Epaphras, der mit mir um Christi Jesu willen im Gefängnis ist, sowie Markus, Aristarch, Demas und Lukas, meine Mitarbeiter. Die Gnade Jesu Christi, des Herrn, sei mit eurem Geist!

26

■ *Setze Überschriften über die einzelnen Abschnitte und suche dann eine Überschrift für den ganzen Brief.*

_____

_____

_____

■ *Beschreibe die Situationen, in denen sich Philemon, Onesimus und Paulus befinden.*

Philemon:

_____

_____

_____

Onesimus:

_____

_____

_____

Paulus:

_____

_____

_____

■ *Paulus befindet sich in einer Konfliktsituation.*

_____

_____

_____

■ *Zeige die Folgen für die Personen auf, die sich aus seiner Entscheidung ergeben:*

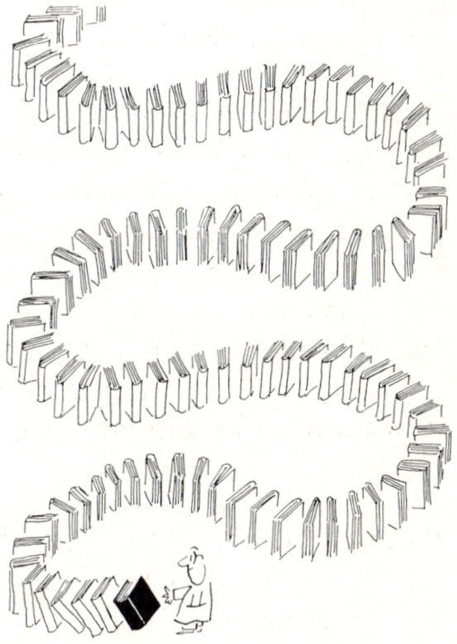

_____

_____

_____

_____

■ *Von Paulus sind im Neuen Testament sieben Briefe erhalten. Ergänze die Adressaten:*

1. Thes _____

1. Ko _____

Phile _____

Phi _____

Ga _____

R _____

GEFANGENER JESU CHRISTI

18 Reisepläne, Prozeß und Ende in Rom

Gefahren an Leib und Leben

Paulus war oft schweren Verfolgungen ausgesetzt. Im Vergleich zu anderen „in Mühsalen viel reichlicher, in Gefängnissen viel reichlicher, in Schlägen viel reichlicher, in Todesgefahren oftmals" (2 Kor 11, 23). Normalerweise hat er über seine überstandenen Notsituationen nicht geredet. Die Ausnahme bildet die „Narrenrede" in 2 Kor 11, 23–33. Die geschilderten Leiden beziehen sich auf die Zeit von der Berufung (32 n. Chr.) bis zur Abfassung dieser Verteidigungsrede 54 n. Chr. Es sind also noch zu ergänzen die Gefangenschaft in Ephesus mit Todesgefahr, die Gefangennahme in Jerusalem, der lange Weg, bis Paulus als Gefangener in Rom ankommt und seine Enthauptung in Rom.

Aus der Narrenrede 2 Kor 11

I. „In *Mühsalen* viel reichlicher (als die Über-apostel);
in Gefängnissen viel reichlicher.
In Schlägen viel reichlicher;
in Todesgefahren oftmals.
Von den Juden erhielt ich fünfmal die Vierzig weniger einen (Schlag).
Dreimal wurde ich ausgepeitscht;
einmal wurde ich gesteinigt;
dreimal erlitt ich Schiffbruch;
einen vollen Tag brachte ich über der Meerestiefe zu.
II. Durch *Reisen* (erwies ich mich) häufig (als Diener Christi):
durch Gefahren der Flüsse,
durch Gefahren der Räuber,
durch Gefahren von meinem Volk,
durch Gefahren von den (anderen) Völkern,
durch Gefahren in der Stadt,
durch Gefahren in unbewohnter Gegend,
durch Gefahren auf dem Meer,
durch Gefahren unter Falschbrüdern.
III. In *Mühsal* und Drangsal,
in Nachtwachen oftmals.
In Hunger und Durst,
in Fasten oftmals.
In Kälte und Blöße …"

Steinigung des Paulus. Ausschnitt aus einem Elfenbeinkästchen aus der Zeit 400 n. Chr.
Paulus erwähnt seine Steinigung 2 Kor 11, 25. Sie ist jüdische Sitte (vgl. Lev 24, 10–14) und Todesstrafe der Synagoge, z. B. wegen Gotteslästerung. Man führt den Verurteilten außerhalb des Ortes und bewirft ihn solange mit Steinen, bis er tot ist. In der Regel überlebt niemand die Steinigung.

Wie Paulus die Gefahren an Leib und Leben deutet, kannst Du nachlesen an folgenden Stellen: 2 Kor 2, 15ff; 2 Kor 6, 9f; 2 Kor 4, 10; Phil 3, 10; 2 Kor 12, 9f und 2 Kor 4, 16.
Fasse in drei Leitgedanken zusammen:

1. _____

_____

2. _____

_____

3. _____

_____

Prozeß und Ende

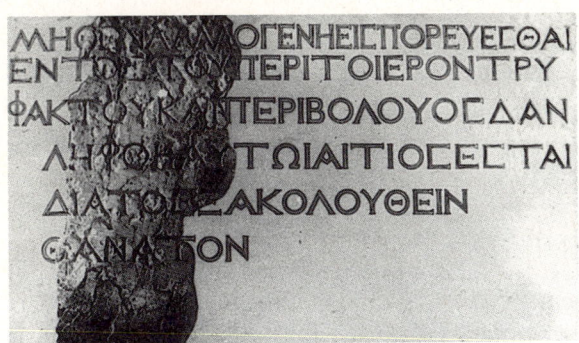

links: Ergänztes Bruchstück einer Steintafel mit der griechischen Aufschrift: „Kein Ausländer darf den abgeschlossenen Raum und den Vorhof rund um den Tempel betreten. Der, der dies tut, ist schuldig und wird mit dem Tode bestraft!"
rechts: Die beiden geköpften Cäsaren aus römischer Zeit standen an der Prachtstraße Cäsareas, die am Mittelmeer entlang lief.

■ *Lies dazu Apg 21, 27–29. Dort wird Paulus die Übertretung dieses Verbotes und noch ein anderes Vergehen vorgeworfen. Notiere:*

_____

_____

■ *Apg 21, 31–36 schildert, wie es zur Verhaftung des Apostels kommt:*

_____

_____

Paulus wurde in Jerusalem gefangen und als römischer Gefangener von Jerusalem nach Cäsarea gebracht. Sein Prozeß schleppte sich über den Statthalterwechsel von Felix auf Festus hin. Festus hat Paulus wahrscheinlich verurteilt. Paulus appellierte daraufhin an das römische Kaisergericht. So kommt er als Gefangener nach Rom. Dort hat er noch etwa zwei Jahre gelebt. Dann wurde er als römischer Bürger wohl mit dem Schwert enthauptet. Sein gerichtliches Revisionsverfahren hatte keinen Erfolg gehabt. Paulus stirbt am Anfang der 60er Jahre unter Kaiser Nero, noch vor der großen Christenverfolgung von 64 n. Chr. Die Christen hatten sich geweigert, den Kaiser als Gott anzuerkennen und ihm zu opfern. In den Augen der Römer gefährdeten sie den Staat.

■ *Betrachte das Bild von W. Habdank und beschreibe es als Gesamtschau des Lebens und Wirkens des Apostels.*
■ *Suche auch nach einem Titel für das Bild.*

_____

_____

_____

_____

_____

_____

_____

_____

19 Interview mit dem Apostel der Völker

Schülerin: *Wie darf ich Sie anreden, Rabbi Saulus oder Apostel Paulus?*
Paulus: *Es stimmt, ich bin immer noch hin und her gerissen zwischen der christlichen Gemeinde und meinem Volk, dem auserwählten Israel. Nennen Sie mich ruhig „Rabbi". Gegenüber meinen christlichen Schwestern und Brüdern lege ich allerdings Wert auf den Titel „Apostel", weil ich von Christus – obwohl ich ihn zu Lebzeiten nicht kannte – persönlich zu den Völkern gesandt wurde.*
Schülerin: *Sie wurden in Damaskus zum Jesus-Anhänger?*
Paulus: *Ich weiß nicht, wie es hat geschehen können. Es überfiel mich plötzlich, daß Jesus Recht hatte. Mein Selbstbewußtsein brach zusammen. Nein, es war keiner jener Anfälle, die mich später plagten. Es leuchtete vor mir auf und gleichzeitig tief innen. Es wurde dann noch einmal für eine kurze Zeit dunkel, aber dann war es wie ein Aufwachen. Ähnlich muß es den Frauen am Grab oder auch Petrus gegangen sein, denen Jesus ja schon bald nach seinem Tod erschien. Ihr Komponist Mendelssohn Bartholdy hat dieses Ereignis schön in Musik eingefangen (Paulus, Nr. 13 und Nr. 14).*
Schülerin: *Es gibt von Ihnen eine ganze Liste, auf der Ihre Leiden und andere Strapazen aufgeführt sind. Dabei vergleichen Sie sich sogar mit Jesus und seiner Passion. Man kann dabei den Eindruck bekommen, als warteten Sie wie Jesus auf ein baldiges Ende der Welt und Ihre persönliche Auferstehung. Wir haben heute auch so eine Art Endzeit-Stimmung, aber ganz anderer Art. Ungerechtigkeit, Krieg und die Zerstörung der Natur beherrschen die Welt und versetzen uns in Angst.*
Paulus: *Die Sehnsucht nach Gerechtigkeit hat mich immer umgetrieben. Obwohl ich als Diasporajude nicht im jüdischen Kernland lebte, war ich der tiefen Überzeugung, daß die jüdische Lebensweise auf der Grundlage der Tora der beste Weg ist, um Gott und den Mitmenschen gerecht zu werden. Natürlich wußte ich auch, daß die philosophischen und moralischen Auffassungen meiner griechischen Umwelt dem Dekalog nicht ferne waren. Es geht ja nicht um diese oder jene Vorstellung von Gerechtigkeit oder um Morallehren. Es geht um eine neue Sicht, um ein neues Verständnis von Gerechtigkeit Gottes: Wer die grundlose Güte Gottes erfährt, wird schon gut sein und recht handeln.*
Schülerin: *Im Römischen Weltreich herrschte damals eine Art Frieden zwischen den Religionen und Nationen, allerdings von Roms Gnaden. Wenn der Kaiser nicht mit seinem religiösen Anspruch Ihrem Gott Konkurrenz gemacht hätte, wären Sie als Jude bzw. als Christ nicht Staatsfeind geworden. Aber Sie sagten ja „Christus ist der Herr!" und „Gott ist der Schöpfer aller Dinge!".*
Paulus: *Ich weiß worauf Sie hinauswollen. Ich weiß, damals wie heute ist wenig zu spüren von der Schöpferkraft Gottes. Mir ist auch schon der Gedanke gekommen, daß die ganze Natur unter der Last menschlicher Schuld gequält seufzt. Ich teile trotzdem den modernen Pessimismus nicht. Ich habe in Damaskus Jesus und die ganze Welt neu sehen gelernt. Gott hat seine Schöpferkraft nicht verloren, sondern in der Auferstehung Jesu neu aufleuchten lassen und damit den Anfang einer neuen Schöpfung gemacht.*
Schülerin: *Gibt es heute etwas, was Sie so aufregen könnte wie damals die Frage nach der Beschneidung?*
Paulus: *Alles, was Menschen trennt oder sie daran hindert, zu Gott zu finden und ihren Platz in seiner großen Schöpfung einzunehmen. Alle Sorten von Apartheid regen mich furchtbar auf. So wie ich Jude war und Jude geblieben bin und ihr Deutsche seid und bleibt, so könnten doch alle Menschen in ihrer Religion bleiben und dennoch zu dem einen Gott finden.*
Schülerin: *Noch eine persönliche Frage. Sie müssen sie nicht beantworten. Sind Sie der Frauenfeind, als der Sie gelten? In einem Ihrer Briefe soll stehen: „Die Frau schweige in der Gemeinde!?"*
Paulus: *Es kann sein, daß diese Redensart in einen Zusammenhang eingefügt wurde, wo es um einen geordneten Ablauf des Gottesdienstes geht. Aber – was wäre ich ohne Frauen geworden. Ohne Priskilla, ohne Lydia und ohne Junia (ich kann nichts dafür, daß aus ihr, die mit mir im Gefängnis in Ephesus saß, ein Mann gemacht wurde! (vgl. Röm 16, 7) Gewiß, ich war nicht verheiratet. Für einen Rabbi war das ungewöhnlich. Aber hätte ich mich einer Frau zumuten sollen? Kann man mich deshalb für den Zölibat verantwortlich machen? Sollen sie sich doch auch in diesem Fall Petrus zum Beispiel nehmen, sie berufen sich auch sonst so gerne auf ihn!*
Schülerin: *Sie werden polemisch. – Wie beurteilen Sie die Tatsache, daß Ihr Evangelium so wenig Frieden in die Welt gebracht hat. Die Weltversammlung von Seoul in Südkorea im März 1990 hat Erbärmliches zustandegebracht und ganz schön gestritten, als im Eröffnungsgottesdienst Theologinnen in Erscheinung traten. Sie waren doch auch der Meinung, daß das Evangelium die Welt*

verändert. Und nun – statt des Welt-Friedens-Konzils der einen Kirche Christi in der ganzen Welt – eine klägliche Besprechung ohne päpstliche Beteiligung und ohne richtigen Abschluß (Dekret).

Paulus: *Ich gebe meine Hoffnung nicht auf. Allerdings bin ich nicht der Meinung, daß alles auf einmal irgendwann kommt. Ich sehe es immer noch so: Es hat schon begonnen, mit mir damals in Damaskus, die Sache ist im Gang. Ja, ich habe mich auch getäuscht. Wir müssen warten lernen. Wie schwer ist es mir gefallen!*

Gott führt die Menschen und die Religionen zusammen. Juden und Nichtjuden verehren den einen Gott. Und der eine Gott setzt sich in seiner Schöpfung durch. Der Lichtglanz ist da und durchdringt alles. Auch eure Götzen werden abdanken. Gott hat seinen Bund mit der ganzen Menschheit nicht aufgekündigt. Alle gehören dazu. Alle werden sie den einen Gott verehren. Ob das auf der Sinai-Halbinsel in einem Heiligtum auf dem Mose-Berg sein wird (wie vor ein paar Jahren ein Ägypter gehofft hat) oder anderswo, ist nicht so wichtig. In Jerusalem vielleicht? Wer weiß?

■ *Formuliert in Gruppen Fragen an den Rabbi/Apostel Saulus/Paulus.*
■ *Tauscht dann die Fragen aus und beantwortet die Fragen der anderen.*

_____

_____

_____

_____

_____

_____

_____

_____

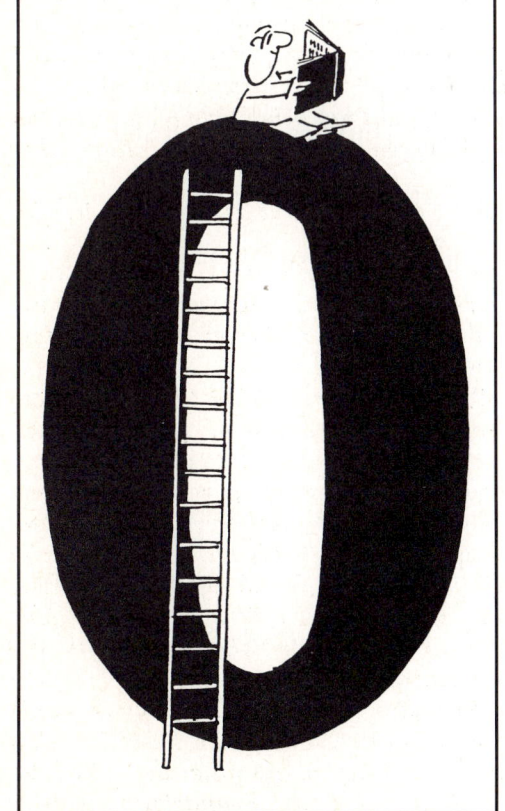

■ *Vergleiche zu dem Bild links Röm 4, 4–7 und zu dem Bild rechts Gal 3, 28.*

20 Paulus enthauptet!

Mit jüdischem Namen hieß er _____. Er war in _____ geboren und wurde ca. 55 Jahre alt. Von Geburt aus war er _____, seine Muttersprache war aber _____. Er besaß außerdem das _____ Bürgerrecht. Seiner religiösen Bildung und Ausbildung nach war er ein angesehenes Mitglied in der Gruppe der _____. Er trat mit großem Eifer für das jüdische _____ ein und bekämpfte alle Abweichungen und Auflösungserscheinungen. Vor einiger Zeit schloß er sich aber ganz überraschend der Sekte der _____ an. Er behauptete, daß ihm auf dem Weg nach _____ Jesus erschienen sei. Nachdem er in den _____ allerlei Unruhen hervorgerufen hatte, floh er nach _____. Er wurde dort von König _____ wegen Gefährdung der öffentlichen Ordnung gesucht, konnte damals aber knapp einer Verhaftung entgehen. Er trieb sich dann jahrelang in seiner alten Heimat _____ und Syrien herum. Zeitweise hatte er enge Kontakte zu den Christen von _____, einer besonders radikalen und gefährlichen Richtung dieser neuen Sekte. Er reiste überall im _____ Reich umher und stiftete Unruhe, wo immer sich eine Gelegenheit bot. Von _____ ist bekannt, daß er dort in der Gemeinde die Unterschiede zwischen Armen und Reichen durch revolutionäre Vorschläge aufzuheben versuchte. In Ephesus wiegelte er das Volk dagegen auf, die bisher dort hochgeachtete Göttin _____ weiterhin zu verehren. Er verursachte dadurch einen Aufstand der _____. Es ist weiterhin bekannt, daß _____ von ihm aufgehetzt wurden, ihrem Herren zu entlaufen. Er war vor etwa zwei Jahren in _____ angekommen. Da er das _____ besaß, konnte man zunächst nicht _____ mit ihm machen. Nachdem er sich mit anderen Christen aber geweigert hatte, unserem neuen Kaiser _____ zu opfern, war die _____ unumgänglich.